कविता
की जीवनी

कविता की जीवनी

ए. अरविन्दाक्षन

वाणी प्रकाशन
प्रकाशन के उत्कृष्टतम 61 वर्ष

vaniprakashan.com

सजिल्द पहला संस्करण : 2024

वाणी प्रकाशन

4695, 21-ए, दरियागंज, नयी दिल्ली-110 002

फ़ोन : + 91 11 23273167, 23275710

शाखाएँ

अशोक राजपथ, पटना-800 004, बिहार

कॉफ़ी हाउस कैम्पस, महात्मा गांधी मार्ग, प्रयागराज-211 001, उत्तर प्रदेश

महात्मा गांधी अन्तरराष्ट्रीय हिन्दी विश्वविद्यालय, वर्धा-442 001, महाराष्ट्र

36/ए, शेक्सपियर सरणी, रानी बिरला गर्ल्स कॉलेज के पास, कोलकाता-700 017, प. बंगाल

sales@vaniprakashan.in
vaniprakashan@gmail.com

Kavita ki Jeevani
by A. Arvindakshan

ISBN : 978-93-6287-058-2

Poetry Collection

मूल्य : ₹ 250

आर. टेक ऑफ़सेट प्रिंटर्स, दिल्ली-110032 में मुद्रित

वाणी प्रकाशन का लोगो मक़बूल फ़िदा हुसेन की कूची से

कनु और ऋत्विक के लिए

भूमिका

एक सही मनुष्य बनकर जीने के लिए, अपनी प्रतिक्रियाएँ सही ढंग से व्यक्त करने के लिए, इस मिट्टी में अपने को समर्पित करने के लिए, अपने नागरिक बोध को सदैव उन्नत रखने के लिए मुझे कविता लिखने की अनिवार्यता महसूस होती है। इसलिए मैं कविता लिखता हूँ।

लम्बे-लम्बे अन्तरालों के बाद ही मैं कविता लिख पाता हूँ। इस बीच मेरे हृदय की उद्विग्नताएँ बढ़ती ही रहती हैं। ऐसा भी होता है कि कुछ ऐसी घटनाएँ जो मेरे आस-पड़ोस की नहीं हैं, दूर-दराज के प्रदेशों की हैं, देश-विदेश की हैं, वे मुझे झकझोरती हैं। मैं ऐसे अवसरों पर अपने को इतना अकिंचन अनुभव करता हूँ कि मैं कुछ नहीं कर पा रहा हूँ। अदना-सा एक आदमी आख़िर कर क्या सकता है? अपना यह अकिंचनत्व मुझे कविता लिखने के लिए प्रेरित करता है।

अपने छोटे-से प्रदेश से मैं उड़ान भरता हुआ उस प्रदेश में चला जाता हूँ जहाँ की घटनाओं ने मुझे झकझोर दिया था। उस अजनबी प्रदेश से होकर मेरी यात्रा ज़ारी रहती है। वहाँ के तमाम दृश्यों का मैं गवाह बनता हूँ। गवाह ही नहीं, मैं वहाँ के जीवन में पूरी तरह डूबता जाता हूँ। वहाँ से मैं शब्दों को बटोरता हूँ। पदबन्ध की गतिकी को रूप देता हूँ। मेरा अपनत्व, उस समय, ख़त्म होता है। मैं समय के अपनत्व से तादात्म्य कर पाता हूँ। इसी तादात्म्यबोध से मेरी कविता जन्म लेती है।

आस-पड़ोस का जीवन भी मेरी कविताओं का प्रमेय बनता है। उसी के बीच मेरा जीवन है, मेरा सह-जीवन है, मेरा अस्तित्व है और मेरी कविताएँ हैं। मेरी कविताएँ जीवन की कई प्रकार की उद्विग्नताओं की अभिव्यक्तियाँ हैं। ये कविताएँ समय को शब्दबद्ध करने की मेरी कोशिश हैं। ये एक निडर आदमी की अभिव्यक्तियाँ हैं, साथ ही एक डरे हुए आदमी के शब्द भी हैं। कविता से बाहर जीने वाले असंख्य लोगों

के साथ मेरी ये कविताएँ पारस्परिकता बनाये रखने का प्रयास करती हैं। कविता के बाहर के जीवन को मैं अपनी कविता के अन्दर प्रवेश देता हूँ।

यह कविता-संकलन कविता के बाहर झुलसते जीवन से मुठभेड़ करने वालों के लिए समर्पित है।

—ए. अरविन्दाक्षन

अनुक्रम

भूमिका	*7*
कुरुक्षेत्र का एक अलक्षित कोना	13
बारिश	15
मैं युद्ध के विरुद्ध हूँ	16
सपनों का जीवित रहना	18
मांस भोजी	20
बलात्कार	21
अक्लमन्द आदमी आराम से सोता है	22
समुद्र	24
भाषा का मौन	26
महीयसी राष्ट्रपति जी, प्रणाम	27
अपनी कविता से मैंने कहा	28
कछुआ	29
प्रेम कविता	30
देश को सलाम	32
एक दिन	34
प्रयोगशाला	36
पहली कक्षा का सबक	38
दुख का दरिया	39
शब्दों का इस्तेमाल	40
इच्छा	41
यह कैसे सम्भव है	42

कविता की जीवनी 44
छोटी-सी चिरैया 46
जंगली बेर का चित्र 48
मुस्कान की खोज में 50
कटहल 52
बादशाह 53
आँसू 54
कविता का जल 55
हारना 57
यह कविता का समय है 58
उल्टा भी हो सकता है 59
हम देख रहे थे 60
उस तीर्थ की खोज में 62
बेरोज़गारों की सूची का आख़िरी आदमी 65
रुकना ठीक नहीं है 72
यही मेरी प्रार्थना है 73
जब... 74
हत्याएँ 75
वह दिन दूर नहीं 77
चित्र 78
डर 79
कोई दूसरा 80
प्रेम कहानियाँ 81
चित्रगुप्त 82
स्मृतिपटल से दृश्य इतनी जल्दी कैसे ओझल हो जाते हैं 83
देश राग 84
लिखना असम्भव-सा लगता है 85
उल्कापात 87
अनुरोध 89
तथागत बनूँ 90

विदेशी कम्पनी	91
शब्द	93
बेचारी चिड़िया	94
मछली कह रही थी	95
पेड़ों की पूजा	96
अन्ततः	98
पगडंडियाँ	99
महावर्तमान	100
आवाहन	102
देशप्रेम	103
एकाकीपन	104
नदी	105
तुम कहाँ हो ईश्वर	106
आवाज़	107

कुरुक्षेत्र का एक अलक्षित कोना

लाख कोशिश की मैंने
महाभारत का एक पात्र बनूँ
चर्चित पात्रों की भीड़ ने
मुझे खदेड़ दिया।
भटकते-भटकते सैनिकों की बस्ती में
पहुँच गया मैं
मेरे पास
न तलवार थी
न भाला
न कवच
पता चला कि
मामूली आदमी के लिए सैनिकों की बस्ती में
जगह नहीं मिलती।
हताशा ने मुझे घेर लिया था
फिर भी सैनिकों से मैंने पूछा
कुरुक्षेत्र के किस कोने में मैं शरण लूँ?
सैनिकों ने बताया
करुक्षेत्र का एक अलक्षित कोना है
आम लोगों के लिए
जो मरने को अभिशप्त हैं
वहाँ जाओ और इन्तज़ार करो
कोई बाण

कोई तलवार
कोई नुकीला भाला
घोड़े की लात
हाथी का भारी पाँव
वहाँ तुम आराम से मर सकते हो।

बारिश

ख़ूबसूरत अनुभव है
बारिश
उसे अनुभव करते रहना
दरअसल भीगना है
अब सुखाड़ का नामोनिशान नहीं है
भीगना, फिर भीगना
भीगते रहना है।
पानी के अन्दर-ही-अन्दर
चला जाना है
पानी की ख़ूबसूरती में
पूरी तरह से भिगो जाना है
बूँदों की भीड़ में
डुबो जाना है
एक-एक बूँद में
कई-कई सपने हैं
बारिश को देखते रहना
बूँदों में समा जाना है
बूँद की भाषा में
बूँद की देह में
उसके अंग-अंग में
एक नया भाष्य रचना है।
बारिश
थमने का नाम नहीं ले रही है
वह अपना भाष्य रचती जा रही है।

मैं युद्ध के विरुद्ध हूँ

अपनी माँ को मैंने समझाया
बेरोज़गार नहीं हूँ मैं
यह सही है कि मैंने
अपनी पक्की नौकरी छोड़ दी है
फिर भी बेरोज़गार नहीं हूँ–
घर-बार छोड़
बीवी-बच्चे छोड़
मैं चला जा रहा था
युद्ध की ओर
मैदान में क़दम रखने के पहले
समस्या एक सामने आयी
क्या किया जाये?
शुरुआत कैसी हो जानी चाहिए?
मन दृढ़ था
क़दम बढ़ रहे थे
बहुविध हथियारों से सज्जित तहख़ाने को
विस्फोटक से उड़ाने वाला ही था
मैं पकड़ा गया
अब मौत निश्चित है
पूछताछ के बाद
मुझे उड़ा दिया जायेगा
पूछताछ के दौरान

उन लोगों ने पूछा
तुम्हारा मक़सद क्या है?
मैं युद्ध नहीं चाहता;
सब ने समवेत स्वर में कहा
युद्ध से देश प्रगति करते हैं
विकास होते रहते हैं
युद्ध ने इतिहास बनाया
तुम इतिहास के ध्वंसक हो
तुम्हारा जीना ठीक नहीं है
पूछा उन लोगों ने
कोई आख़िरी ख़्वाहिश?
मैंने बस इतना ही कहा–
'मैं युद्ध के विरुद्ध हूँ।'

सपनों का जीवित रहना

जब एक फ़ौजी भाई के सीने में
गोली लग जाती है
या फिर विस्फोट में
वह मिट्टी से मिल जाता है
उस समय
फ़ौजी के सपनों की मृत्यु हो जाती है
उन सपनों में
इतने सारे दृश्य हैं
जिनकी गिनती नहीं हो सकती
लेकिन उसका एक सपना
मृत्यु के बाद भी
बिना मरे पड़ा रहता है
वह उसकी बीवी के गर्भस्थ शिशु का सपना है
शिशु जो जन्मा नहीं है
पर वह सपना बन चुका है
फ़ौजी की लाश को
भेज दी जाती है
उसकी वर्दी और सामान के साथ
मृत्यु
सफ़र कर रही है
कइयों के सपनों को
फिर से जगाने के लिए।

लेकिन गर्भस्थ शिशु का सपना
वहीं घूमता-फिरता रहता है
जहाँ फ़ौजी को विस्फोटक से उड़ा दिया गया था
मिट्टी के ढेर से
वह सपना
उठता है
घुटनों पर चलता है
फिर वह लड़खड़ाते हुए खड़ा होता है
वह दूध माँग रहा है
अगल-बग़ल आराम करते
अन्य फ़ौजियों से।
किसी ने उस शिशु को
दूध पिलाया
किसी ने भात खिलाई
किसी ने डबल रोटी का एक टुकड़ा।
वह सपना
अब तीन चार बरस का हो गया है
वह अपने बाप के एक क़रीबी दोस्त से
सवाल करता है
मुझे भी फ़ौज में
भर्ती करा लो

मांस भोजी

ज़्यादातर जानवर
मांस भोजी हैं
जब उन्हें भूख लगती है
वे मांस खाते हैं
इसलिए वे मांस भोजी हैं
इन्सान भी मांस भोजी हैं
सब्ज़ी से ज़्यादा उन्हें मांस अच्छा लगता है
कुछ इन्सान ऐसे भी हैं
वे मांस खाते मात्र नहीं हैं
जिनका वे मांस खाते हैं
उनके अंग-प्रत्यंगों को
घूर-घूर कर देखते हैं।
उनका मांस खाना
मांस खाना ही नहीं है
मांस का आस्वादन है

बलात्कार

क्या बलात्कार एक दृश्य है?
जिस को हम
जैसे चित्रपट पर देखते हैं
क्या बलात्कार एक हरकत है?
जिसको हम
ग़ैर व्यक्ति की जिस्म पर घटित होते देख
नज़रन्दाज़ कर सकते हैं?
बलात्कार
क्या औरत का सफ़रनामा है?
उसकी चीख़
हमारे इतिहास में अब भी सुनी जा सकती है
उसकी पीड़ाएँ
हर अँधेरे कोने में हैं दर्ज
उसकी नग्नता
हमारे इतिहास का अनन्तिम अध्याय है।

अक्लमन्द आदमी आराम से सोता है

सभी लोग अक्लमन्द नहीं हैं
कुछ ही अक्लमन्द होते हैं
जल्दी ही वे पहचाने जाते हैं
और उनकी अक्लमन्दी की दाद दी जाती है
उनके अनुचर जन्म लेते रहते हैं
अनुचरों के बीच
अक्लमन्द आदमी अपनी जगह बना लेता है
दिन में भी वह आराम से रहता है
रात को भी आराम से सोता है।
दुनिया भर में
कई-कई अक्लमन्द आदमी हैं
उनकी अपनी दुनिया है
वे पूरी दुनिया में छाये रहते हैं
अमेरिका का एक अक्लमन्द आदमी
भारत पर बिना किसी हथियार
हमला कर सकता है
भारत का बच्चा-बच्चा
उसके नाम से परिचित है
पर उसके हमले से नादान हैं।
नादान लोगों के बीच में
अक्लमन्द आदमी वट की तरह
असाधारण ढंग से बढ़ता रहता है।
यूरोप का एक अक्लमन्द आदमी
भारत की महिलाओं के ख़ूबसूरत जीवन में

आसानी से प्रवेश कर जाता है
उसकी ख़ूबसूरती को बढ़ाने की तरकीबें
वह प्रेम से बताता है
भारत की हर महिला उस अक्लमन्द आदमी की प्रेमिका है।
अक्लमन्द आदमी को वे अपने होंठों पर
गालों पर
गले में
स्तनों में
कमर में
नितम्बों में
महसूस करती है
अक्लमन्द आदमी अपनी
रासलीला में मस्त रहता है।
दुनिया के किसी भी कोने में बैठकर
अक्लमन्द आदमी पैसा बनाने की
हिदायतें देता रहता है।
अक्लमन्द आदमी
हथियार बनाने का सबक सिखाता है
फिर हथियार ख़रीदने का सबक भी सिखाता है
अक्लमन्द आदमी
आदेश ज़ारी करता है
जाओ
मिसाइल चलाओ
जिस किसी को उड़ाना है
उड़ा दो।
अक्लमन्द आदमी न विचलित होता है
अक्लमन्द आदमी न परेशान है
अक्लमन्द आदमी अपनी प्रेमिकाओं के साथ
आराम की नींद सोता है।

समुद्र

कुछ समुद्र
हमारे देखते-देखते अगाध होते जाते हैं
समुद्र की अगाधता में
अनेक के दुख के पहाड़ हैं
अत्यन्त भीषण अँधेरों से युक्त।
समुद्र के पानी से छनकर जाती रोशनी
पहाड़ तक पहुँचती नहीं है
इसलिए अँधेरे का स्थायित्व
पहाड़ का यथार्थ है।
कुछ समुद्र
हमारे देखते-देखते झरने की तरह
पारदर्शी होते रहते हैं
पारदर्शी समुद्र में
मछलियों की किलकारियाँ हैं
पानी की विलम्बित धुन है
दूर-दूर से लुढ़कते आये पत्थर हैं
गोल-गोल।
अनुपम एक संगीत शान्त तरंगों में
सन्निहित है
इस तरह के समुद्र की भाषा
जटिल नहीं है
वह भाषा संवादों से ओतप्रोत है

बोलते-बतियाते लोगों के सामने
उत्सुकित रहती है
कोई पाबन्दी नहीं है
बच्चे भी इस समुद्र में
उछल-कूद कर सकते हैं
दूर-दूर तक पानी में लोग जा सकते हैं
उस समय
समुद्र का पानी
स्वप्न में बदलता है।
रेत के कण
नक्षत्र में बदलते हैं
तरंगें संगीत में
बदलती हैं।
जब भी कोई इस समुद्र को बुलाता है
वह निमन्त्रण स्वीकार करता है
वह लोगों को भी अपनी ओर
निमन्त्रित करता है
अगाध दुखों से भरा समुद्र
हर किसी के साथ
बिना किसी हिचक
चला जाता है।
दुख हर किसी को
दुखी ज़रूर बनाता है
लेकिन
वह दुख को कम भी करता है।

भाषा का मौन

भाषा का मौन
ख़तरे को सूचित करता है।
कलिगुलाओं के डर से
भाषा यदि मौन साध रही है
तो उसका अर्थ है
भाषा मर रही है।

महीयसी राष्ट्रपति जी, प्रणाम

प्रणाम स्वीकार कीजिए
महीयसी राष्ट्रपति जी,
हम सभी नतमस्तक खड़े हैं
आपके समक्ष
हम लज्जित हैं
हमारी प्यारी बहनों को
विवस्त्र करके घुमाया जा रहा है
खुले खेतों में
उनका बलात्कार किया जा रहा है
हम अवतारी कृष्ण नहीं
उन्हें हम वस्त्र नहीं दे सकते हैं।
महीयसी राष्ट्रपति जी
आप कुछ कहिए
आप कुछ करिए
सही वक़्त पर
सही भाषा का जो इस्तेमाल करता है
वह इन्सान है।
आपको
हम इन्सान के रूप में देखना पसन्द करते हैं।

अपनी कविता से मैंने कहा

अपनी कविता से मैंने कहा–
मणिपुर जाओ
जो सम्भव है, करो।
मैंने मणिपुर के लोगों को सूचना दी
मेरी कविता आपकी तरफ़ आ रही है
वह आपके लिए कुछ कर पायेगी
क्योंकि वह कविता है।

कछुआ

बाज़ार में
नयी-नयी गाड़ियाँ आ रही हैं
तेज़ रफ़्तार वाली गाड़ियाँ
सड़कें भी बन रही हैं ख़ूब अच्छी
गाड़ियों की रफ़्तार के अनुरूप।
ये गाड़ियाँ
न मुझे आकर्षित करती हैं
न ये सड़कें
जिनसे की जा सकने योग्य
लम्बी यात्राएँ
मुझे आकर्षित नहीं कर रही हैं।
मैं कछुआ बनकर
रेंग-रेंग कर यात्रा करना चाहता हूँ
सड़कों को देखते हुए
रेंगते हुए जीवन को देखते हुए
अगर कोई लक्ष्य-स्थान है तो
मैं धीरे-धीरे ही पहुँचना चाहता हूँ।

प्रेम कविता

वर्षों पहले
मेरी प्रेमिका की शादी हो गयी थी
फिर वह माँ बन गयी
दो बच्चे हैं, उसके
एक बेटा, एक बेटी
उसकी बेटी की भी शादी हो गयी है
बेटी की भी बच्ची है
मेरा उससे कोई सम्बन्ध नहीं।
दूर किसी एक शहर में वह रहती है
अपने पति के साथ
परिवार के साथ।
मेरी कठिनाई यही है
कि उसकी याद यदा-कदा आती है
और मुझे सताती है
उस समय मैं युवक हो जाता हूँ
पर वह न मेरे पास है
बस उसकी सुगन्ध मेरे पास है
उसके शहर को मैं कोसता रहता हूँ
ओ रे शहर तुम इतने दूर क्यों हो?
कहीं तुम पास होते
तो मैं भागकर आ जाता।
मेरा दुख यह है
मैं उसे माँ के रूप में नहीं देख पाता हूँ

दो बच्चों की माँ?
मैं उसे दादी माँ के रूप में नहीं देख पाता हूँ
उसकी पोती की उपस्थिति
मुझे अच्छी नहीं लग रही है
अपने पति से
बच्चों से
पोती से
अलग करके उसे देखता हूँ—
वाह!
कितना अच्छा लगता है
उसका मेरे पास आना
मेरे बग़ल में बैठना
हाथ पर हाथ धरे
लम्बे समय तक
बिना कुछ बोले
बैठे रहना
उसका मौन
इतना वाचाल है
मेरा मौन घनत्व से भरा है
हमारा संवाद
होता रहता है।
जब वह जाने लगती है
मैं सिर्फ़ देखता रहता हूँ
जब वह चली जाती
पेड़ से एक पत्ता गिरता है
जिसके नीचे हम बैठे थे
पत्ते को उठाकर देखता हूँ
मैं—
उसमें एक प्रेम कविता अंकित है
जीवित अक्षरों की प्रेम कविता।

देश को सलाम

ताक़तवर लोगों को
मैं नज़रन्दाज़ कर सकता हूँ
उनकी घिनौनी हरकतों की आलोचना कर सकता हूँ
मेरे देश को सलाम।
ग़रीबों के पक्ष में
मैं अपना लेखन ज़ारी रख सकता हूँ
अपना सन्ताप दूसरों के साथ साझा कर सकता हूँ
मेरे देश को सलाम।
मैं कविता लिख सकता हूँ
भले ही मेरी कविता कहीं न पहुँचे
मेरे देश को सलाम।
मैं जी रहा हूँ
पसन्द की चीज़ें खा रहा हूँ
अलग-अलग समुदाय के लोगों से
रिश्ता रख सकता हूँ
मेरे देश को सलाम।
फूल के सौन्दर्य पर मुग्ध हो सकता हूँ
चिड़ियों का गीत सुन सकता हूँ
बच्चों को देख मुस्कुरा सकता हूँ
मेरे देश को सलाम।
देश से मेरी प्रार्थना है–
मेरी अनुभूतियाँ सुरक्षित रहें

मेरे शब्द सुरक्षित रहें
मेरी मित्रता सुरक्षित रहे
मेरा खाना सुरक्षित रहे
मेरी पोशाक सुरक्षित रहे
सपने देखने का हक़
सुरक्षित रहे

एक दिन

आख़िर एक दिन
बिना कुछ कहे
कौआ उड़ चला गया
अब मेरी सुबह
कौवे की आवाज़ से वंचित है।
आख़िर एक दिन
बिना सूचित किये
मुर्ग़ा ग़ायब हो गया
अब मेरी सुबह
मुर्ग़े की आवाज़ से अनजान है।
आख़िर एक दिन
मेरे पिताजी
बिना कुछ कहे
चल बसे
अब मेरा जीवन
सूना-सूना हो गया है।
आख़िर एक दिन
मेरा आसमान
बिना कोई संकेत दिये
ओझल हो गया
अब मेरा कोई आसमान नहीं है।
आख़िर एक दिन

आसपास के सभी पेड़
बिना बताये
ग़ायब हो गये
अब बिन पेड़ों का
मेरा वातावरण
ऊसरता का परिचय दे रहा है।
आख़िर एक दिन
बिना कोई सूचना
लड़ाई छिड़ गयी
अब लड़ाई यथार्थ है
हथियार यथार्थ है
मौत यथार्थ है
दुख यथार्थ है
अब मेरा यथार्थ
यथार्थ नहीं है।

प्रयोगशाला

आपको यह बात अजीब लग सकती है
नयी-नयी क़िस्म की प्रयोगशालाएँ बन गयी हैं
जहाँ नये-नये प्रयोग चल रहे हैं।
एक प्रयोगशाला है
जहाँ लीडरों को तैनात किया जाता है
वहाँ लोगों की भीड़ है
क्योंकि सभी लीडर बनना चाहते हैं
उनकी बोली-भाषा
उनकी पोशाक
उठने-बैठने का ढंग
सब कुछ के लिए कई प्रकार के प्रयोग चलते हैं
कई प्रयोगशालाओं का विदेशी कार्यशालाओं के साथ
एम ओ यू भी है
दूसरी प्रयोगशाला है
जहाँ लोगों को ग़रीबी में डुबोया जाता है।
अन्न के लिए तरसने वाले लोगों को तैयार किया जाता है
भीख माँगने की कला सिखाई जाती है
जहाँ भीड़ कम है
लेकिन जबरन लोग पकड़-पकड़ कर लाये जाते हैं
उनकी ज़ुबान काट ली जाती है
डर का सबक सिखाया जाता है
कई बातों से उन्हें अनभिज्ञ रखा जाता है।

एक तीसरी प्रयोगशाला है
जहाँ अक्लमन्द लोगों को जानवर बनाया जाता है
इन जानवरों की एक ही भाषा है
उनसे कहा जाता है
नये-नये क़िस्म के हथियार बनायें
ताकि आगे कुछ भी बच न पाये
एक और प्रयोगशाला है
जहाँ जीवन बिताने के तरीक़े बताये जाते हैं
धनोपार्जन का मार्ग
नयी प्रौद्योगिकी की मदद से
सिखाया जाता है
प्रयोगशाला में भर्ती हुए सभी को
धन अर्जित करके दिखाना पड़ता है
धन का जब अम्बार लग जाता है
महिलाओं के साथ जीने के तरीक़े बताये जाते हैं
निर्धन को लुटाने के तरीक़े बताये जाते हैं
इस प्रयोगशाला में भी लोगों की खचाखच भीड़ है।

पहली कक्षा का सबक

बच्चो,
यह ज़मीन है
यहाँ तुम अपने पैर रख सकते हो
यह ज़मीन है
इसे तुम अपनी माँ भी मान सकते हो
यह ज़मीन है
इसी में तुम्हारी जड़ें हैं
यह ज़मीन है
इसी पर खड़े होकर तुम आसपास के तमाम ग्रहों को
तारों को
देख सकते हो।
बच्चो,
अपनी ज़मीन को कभी मत छोड़ना

दुख का दरिया

दुख का दरिया
जब आता है
किनारे पर खड़े मत रहना
कूद पड़ो उसमें
कइयों के दुख को टकराते हुए
उनमें डूबते हुए
कभी न कभी तुम पार हो जाओगे
तुम्हारा दुख
तब तक कम हो गया होगा।

शब्दों का इस्तेमाल

शब्दों का इस्तेमाल
निरर्थक ढंग से करने का ख़तरा यह है
शब्दों से तुम्हारा रिश्ता छूट जाता है
आगे तुम शब्दों का इस्तेमाल नहीं कर पाओगे
अब तुम्हारे पास
सिर्फ़ कुछ आवाज़ें हैं
शब्द आवाज़ नहीं
शब्द इन्सान है।

इच्छा

मेरी इच्छा यही है
मेरे फलदार पेड़ों के तमाम फलों का
वितरण करूँ और उन्हें खाते लोगों को
देखता रहूँ जिनके होंठ मधुर हो चुके होते हैं।
इच्छा मेरी यह भी है
जितने भी दरिन्दे हैं
उन सबको मैं अपना फल खिलाऊँ
जिससे वे दरिन्दगी न दिखा सकें
मेरी इच्छा यह भी है
मेरी बहुत बड़ी हवेली हो
इतनी बड़ी कि राजे महाराजे दंग रह जायें।
देश के सभी विस्थापित लोग
सड़कों पर सोने वाले
बाढ़ग्रस्त लोग
ग़रीब किसान
मेरी हवेली में आयें और आराम से रहें
मेरी इच्छा यही है
मैं तबाह हो जाऊँ
बाकी सब आबाद हो जायें।

यह कैसे सम्भव है

दुनिया का एक कोना
जब जल रहा है
कैसे हम खाना खा पाते हैं
उस कोने में लगी आग
पता नहीं कितनों को जला रही है
कितने मकान ढहते जा रहे हैं
तब हम अपने कोने में
आराम से कैसे रह पाते हैं?
हमारे देश का एक कोना
जब जल रहा है
बलात्कार पर बलात्कार हो रहा है
लोग जब भागे जा रहे हैं
तब चुनावी रणनीति पर
बहस कैसे कर पाते हैं?
हमारे समाज का एक कोना
जब जल रहा है
भूख की आग से जब
कई-कई जलते जा रहे हैं
चाँद की यात्रा के बारे में
कैसे हम सोच पा रहे हैं?
हमारे मोहल्ले का एक कोना
जब जल रहा है

हमारे पड़ोसी
हमारे आत्मीय
उस आग में जलते नज़र आ रहे हैं
उनकी हाहाकार के बीचोंबीच
हमारी दैनन्दिनता बिना किसी रोकटोक से
कैसे चल पा रही है?

कविता की जीवनी

आसान नहीं है,
कविता की जीवनी लिखना
क्योंकि उसकी जीवनी
कहीं समतल सी है और कहीं गड्ड-मड्ड है
आराम की ज़िन्दगी जीने वाली कविताएँ ख़ूब हैं
वे आदेश देती रहती हैं
मौक़ापरस्त कविताओं की संख्या कम नहीं है
वे सबको बधाइयाँ देती हैं
अगल-बग़ल झाँकती कविताएँ भी भारी संख्या में हैं
वे लुका-छिपी करती हैं
पर ये सभी कविताएँ हैं
प्रकाशित होती हैं
पुस्तक का रूप ग्रहण करती हैं
विदेशों में पढ़ी जाती हैं
विदेशी भाषाओं में अनूदित होती हैं
ये सभी कविताएँ हैं।
कई हमारी कविताएँ ग़रीब हैं
तरसती-तड़पती ज़िन्दगी पर लिखी गयी हैं
इसलिए वे ग़रीब कविताएँ हैं।
उनकी जीवनी संघर्ष से शुरू होती है।
अपनों से ज़्यादा दूसरों पर चिन्तित हैं ये कविताएँ
भाषा का इस्तेमाल करती हैं

वही उसका ज़मीनी यथार्थ है
पर वे कई भाषाओं की तरफ़ बढ़ती हैं
कई प्रदेशों की तरफ़ बढ़ती हैं
कई लोगों की चिन्ताओं से बोझीली हो जाती हैं
अधिक चिन्तित होकर
अधिक संघर्षरत होकर
अधिक जीवनवाही होकर
ऐसी कविताओं की जीवनियाँ
कहीं अधूरी पड़ी रहती हैं
इनकी मौत की ख़बर
बहुत कम लोगों के पास आती है

छोटी-सी चिरैया

उस चिरैये को
पहली बार देख रहा हूँ मैं
तत्परता से देखता रहा मैं।
गमले में उग आये
छोटे पौधे में
वह उछल-कूद कर रही थी
पौधे को हिला रही थी वह
वह मस्त थी
मानो उसने पौधे को
अपना संसार बना दिया था।
उसकी शाखाएँ
उसके पत्ते
उछल-कूद
सब मिलकर
एक नया संसार बन गया था।
पौधे से फिर
संगीत उतरने लगा
ध्यान दिया मैंने
चिरैया गा रही थी
उसका स्वर सुरीला था
मेरे लिए वह नया स्वर था
हर रोज़

धोबिन चिड़िया
कचकचिया
तोते
मैना
सब का स्वर मेरे लिए परिचित था
इस स्वर बहुलता के बीच
एक नया स्वर
एक नया संगीत।
मैं ध्यान से सुनने लगा
एक नादमय संसार–
छोटे-से कण्ठ से
उतरता आ रहा संगीत
उसमें पत्तियों की सनसनाहट थी
भ्रमरों का हुंकार
हवा की लयात्मकता थी
झरने का किलबिल स्वर
छतनार वृक्षों का मौन
जंगली गिलहरियों की उछल-कूद
बादलों का गुज़रना।
वह छोटी-सी चिरैया
गाये जा रही थी
अपनी मस्ती में
श्रोता मैं भी मस्त था
वह संगीत था

जंगली बेर का चित्र

लकीरों
और रंगों से चित्र बनता नहीं है
चित्र बनता है लकीरों के जीवाश्मों से
चित्र बनता है रंगों के आसमान से।
यदि आपको एक जंगली बेर का चित्र बनाना है
रंगों से यह मुमकिन नहीं
उसका बाहरी रूप लकीरों से भी बन नहीं पायेगा।
जंगली बेर का चित्र बनाने के लिए
गाँव की उन लड़कियों से मिलें
जो गाँव से जंगल की तरफ़ लकड़ी काटने जाती हैं
लकड़ी बटोरने के बाद वे थक जाती हैं
थोड़ी भूख भी लगती है उन्हें
तब वे जंगली बेर के बारे में सोचती हैं
और भागती हैं
बेर तोड़ने।
बेर तोड़ना और बीच में बेर खाना
वे तुरन्त बेर का चित्र बनाती हैं
अपने मन में
जिसमें सैकड़ों बेर बटोर लिए जाते हैं
स्वाद का एक पहाड़ भी वे देख पाती हैं
भूख का एक समन्दर वे महसूस कर पाती हैं
बेर का एक चित्र वे निरन्तर बनाती हैं

जब उनकी पोटली भर जाती है।
एक बड़ा-सा बेर उनके सामने आ खड़ा होता है
वह चित्र नहीं
सचमुच का बेर।
इतना बड़ा
स्वाद की शहद से भरा।
बेर खाते-खाते जब आधा पेट
भर जाता है
वे वापस लौटती हैं
उनके सिर पर लकड़ी नहीं
बड़ा-सा बेर है
घर के सब को वे खिलाती हैं।
अब उनके सिर पर रखा बेर
सूरज के रूप में
पश्चिम में अस्त होता जा रहा है।
जंगली बेर का चित्र
उन लड़कियों की कथा से भरा है
उसके लालपन में
स्वाद की एक महीन पर्त है
चित्र बनाना है
तो ऐसे बनाओ।

मुस्कान की खोज में

सुबह पाँच बजे निकला
मुस्कान से मिलने
कोहरा ही कोहरा
मुस्कान क्या कुछ भी दिखाई नहीं दे रहा था।
शायद छह बजे के बाद
कोहरा थोड़ा कम होने के बाद
कहीं-न-कहीं
मुस्कान दिखाई पड़ेगी
यही उम्मीद थी।
छह बज गये
सात बज गये
पर कहीं भी मुस्कान नहीं मिली।
कहीं से बच्चों के रोने
गाली-गलौज में लगे पड़ोसी
भागते कुत्तों पर पत्थर फेंकते लड़के
कहीं भी मुस्कान नहीं मिली।
एक मामूली होटल में बैठ
चाय पी रहा था
टी.वी. चल रही
उक्रेन में रूस की बमबारी के समाचार
मणिपुर पर संसद में हंगामा
बाढ़ग्रस्त प्रदेशों की भयानकता

सब कहीं एक दहशत
शोर-शराबा
जासूसी
कहीं भी मुस्कान नहीं थी।
दुपहर
वापस पहुँच गया घर
पत्नी आराम कर रही थी
वह गर्भवती थी
आराम करने के लिए उसे कहा गया था
उसने पास बुलाया
नज़दीक बिठाकर
उसके भरे पेट पर हाथ रखने को कहा गया
तुम्हारा बच्चा लात मार रहा है
कान लगाकर सुनो
तुम उसकी किलकारी सुन सकते हो
पत्नी ने पूछा
आनेवाली पीढ़ी के पास
शायद मुस्कान सुरक्षित है
उसने सिर हिलाया।

कटहल

पेड़ के सबसे ऊपरी शाख पर
कटहल लगा है
उसे तोड़ पाना मुश्किल है
देखता रहा कटहल को।
शायद कटहल यह समझ गया—
कहा उसने
सुनो,
पक गया हूँ पूरी तरह से मैं
कल मैं गिर जाऊँगा
तब ले लेना।
एक स्वाद के गिरने की उम्मीद थी।

बादशाह

बादशाह ने सड़कें बनायीं
जिन पर उनके घोड़े तेज़ रफ़्तार से भागते रहे
बादशाह ने क़िले बनाये
जिनकी वजह से उनके महल बच गये
क़िले के ऊपर तोपें थीं
दुश्मनों को मारने में सुविधा थी
बादशाह की कई बेगमें थीं
इसलिए उनकी रातें शानदार सबित हुईं।
कई लड़ाइयाँ उन्होंने लड़ीं
कई इलाक़ों को अपने अधीन कर लिया।
इतिहास ग्रन्थों में
उनकी लड़ाइयों का ज़िक्र है
कर-वसूली का ज़िक्र है।
यहाँ तक कि उनकी बेगमों का ज़िक्र है।
लेकिन इतिहास ग्रन्थों में इसका ज़िक्र नहीं
अपने मुल्क के बच्चों के भविष्य के लिए उन्होंने क्या किया
औरतों की हिफाज़त के लिए क्या किया
ग़रीब किसानों के लिए क्या किया
वे सिर्फ़ बादशाह थे
क़िले के मालिक
लड़ाई लड़ने में माहिर
दुश्मनों के दुश्मन
शत-प्रतिशत बादशाह।

आँसू

आँसू का पानी
हारे हुए आदमी की आँखों से आता है
कुएँ, तालाब, नदी और समुद्र के पानी से ज़्यादा
वह गरम है।

कविता का जल

कविता के अन्दर
जल-स्रोत है
और जल प्रवाह भी है
कविता का जल
अदृश्य ही रहता है।
कविता का जल कब फूट पड़ता है?
जब कविता के अन्दर
पराजितों की भीड़ बढ़ती है
जब उन्हें खुली हवा नसीब नहीं होती है
उनकी कथाएँ अचानक ख़त्म होती हैं
जब उनके सपने मिट्टी में मिल जाते हैं
कविता के अन्दर का जल
खौलने लगता है
वह कविता के बाहर आता है
लावे की तरह।
खौलता हुआ कविता-जल
बहता नहीं है
जहाँ-तहाँ ठहर जाता है
असमाप्त कहानियों की तरह
अपठित रह जाता है।
किन्तु
यह कविता-जल

न सूखता है
न ओझल होता है
यह हमारे साथ रहता है
हमारे ध्यान को आकर्षित करता है।
कविता-जल
फिर
हमारी नींद में आता है
हमें सोने नहीं देता है
वह डरावने सपनों में बदल जाता है
वह हमारे साथ रहता है।
तेज़ रफ़्तार की ज़िन्दगी
कविता के जल को अदृश्य कर सकती है
उसे मिटा भी सकती है।
मिटने के बाद
कविता का जल
कहीं-न-कहीं रहता है
वह हमारे साथ रहता है।
जब लोग उसे भूल चुके होते हैं
कविता-जल
अग्नि पर्वत की तरह
अन्दर से फूट पड़ता है
वह हमारे साथ रहता है
अग्नि पर्वत की तरह।

हारना

विजित होना
हमेशा विजित होते रहना
जीत नहीं
दरअसल वह हार है।
हारते रहना
हमेशा हारते रह जाना
हारना नहीं
दरअसल वह जीत है।

यह कविता का समय है

आप को क्या लगता है?
क्या यह कविता का समय है?
कुछ लोगों का कहना है
यह सब कुछ को हड़पने का समय है
चाहे चाँद हो या मंगल
कुछ लोगों का कहना है
यह पूँजी का समय है
चाहे लोग जियें या मरें
कुछ लोगों का कहना है
यह कविता का समय नहीं है
चाहे सिरफिरे कविता लिखते रहें
या ख़ुदकुशी करते रहें
कुछ लोगों का कहना है
यह कविता का समय है
चाहे लोग कविता पढ़ें या न पढ़ें
कविता के मार्ग से होकर ही
लोगों को आना-जाना पड़ता है
क्योंकि उनके अगल-बग़ल में जीवन है।

उल्टा भी हो सकता है

बिल्ली ही चूहे को क्यों पकड़े?
चूहा भी बिल्ली को पकड़ सकता है
बिल्ली भूख से तरस रही थी
चूहा जीवन से लड़ रहा था।

हम देख रहे थे

पढ़ रहा था एक किताब
आश्चर्यचकित था मैं
उसमें बच्चों का कोई ज़िक्र नहीं था
दरअसल बच्चे ग़ायब थे उसमें
उसमें सभी वयस्क थे
सभी चिन्ताकुल
उनकी अगली पीढ़ी भी
कहीं नहीं थी
उसको ढूँढ़ते हुए वे इतने वयस्क हो गये थे
उन्हें अपने पोते-पोतियाँ दिखाई नहीं दे रही थीं
वृद्ध लोगों की बड़ी दुनिया
उन्हें भयभीत कर रही थी
रेगिस्तानों को पार करते हुए
वे जा रहे थे
बच्चे कही भी नहीं हैं
एक वृद्ध आदमी जो रोषाकुल था
उसके चेहरे पर दहशत थी
चीख़ते हुए पूछ रहा था–
बच्चे कहाँ हैं?
दूसरा एक इतना हताश और निराश
पूछने की ताक़त भी नहीं थी उसमें
वह भी यही सवाल पूछना चाहता था

पर पूछते-पूछते वह गिर गया
उसके मुँह से अन्तिम शब्द निकल आया
बच्चे?
वृद्ध लोगों ने
उनका दाह-संस्कार किया
और वे लौट रहे थे
इच्छाएँ उनकी मिट गयी थीं
हताशाएँ महावृक्ष की तरह खड़ी थीं
सुबह-सुबह बच्चों की
आवाज़ से भरी हवा आ रही थी
सब जाग गये–
बच्चे आ गये हैं
सब ख़ुशी से चिल्ला उठे
तुम कहाँ थे प्यारे बच्चो
कहाँ थे?
हम तुम्हीं लोगों को ढूँढ़ रहे थे।
बच्चों ने जवाब दिया–
हम इस दुनिया के नहीं हैं
हम एलियन हैं
आपकी दुनिया बच्चों के लायक नहीं है।
हम यहाँ से होकर गुज़र रहे थे
सोचा कि थोड़ा ठहर कर जायें,
हम बच्चों की दुनिया में जा रहे हैं।

उस तीर्थ की खोज में

उस तीर्थ की खोज में
जा रहा हूँ मैं जिसमें से मुझे लेना
पवित्र तीर्थ-जल
और आचमन करना है।
ठीक से मालूम नहीं
यह तीर्थ स्थान कहाँ है
सपने में देखा था उसको।
वहाँ लोग इसलिए जाते हैं
सब कुछ को तजने
सब कुछ को सौंपने
तजते-तजते
सौंपते-सौंपते
अहं से मुक्त होने के लिए
लोग वहाँ जाते हैं।
उस तीर्थस्थान का पता लगाया
जानकारी मिली
है एक जगह ऐसी
जहाँ न कोई मन्दिर है
न कोई देवी-देवता
जंगल के बीच बहती
बस एक नदी है
उसके बीचों-बीच

एक बड़ा पत्थर है
उस पर एक आईना लगा है
वहाँ जाने वाले करते बस यही हैं
उस आईने में अपने को देखते हैं
उस समय उनका अहं ग़ायब हो जाता है
फिर अपना सब कुछ
तजने के मन से वापस आते हैं
और तज देते हैं।
मुझे आश्चर्य हुआ
सपना सच निकला
तब मुझे भी लगा
यही सचमुच का तीर्थस्थान है
जहाँ धर्म का कोई दबाव नहीं
ज़ात का कोई असर नहीं
अपने को देखना है
अपने को पहचानना है
अपने को पहचानने के बाद
गरिमामय एक भाव
सब से मुक्त होने का भाव
जाग्रत होता है।
मैं गया
नदी पार करके
पत्थर पर जो आईना है
उसमें मैंने अपने को देखा
किंवदन्ती सच निकली
नदी का पानी पीते हुए
मैं वापस लौटा
फिर मैंने सब कुछ दे दिया
एक-एक को
एक-एक चीज़ देते समय

मेरा अन्दर भरा जा रहा था
मैं भर गया था।
सब से मुक्त होकर
सब में मैं समा गया था
मुझे भूख नहीं लग रही थी
प्यास नहीं लग रही थी
मेरे पास बस मेरा शरीर था
उस पर कुछ ज़रूरी कपड़े
जहाँ भी लोग काम करते हैं
उनसे अनुमति लेकर मैं उनकी मदद करता रहा
शाम तक मैं दूसरों के लिए काम करता रहा
अपने को भरता रहा।
तीर्थ स्थान मेरे अन्दर ही था।

बेरोज़गारों की सूची का आख़िरी आदमी

उस सूची में भी मेरा नाम
आख़िरी आदमी के रूप में ही दर्ज था
मुझे न दुख हुआ
न निराशा
आख़िर सब के सब बेरोज़गार ही हैं।
उस सूची से बाहर निकल कर
मैंने अपने को मुक्त किया
अब मैं बेरोज़गार नहीं हूँ।
सामने रास्ते हैं,
अगल-बग़ल में लोग-बाग
भीड़ ही भीड़,
बाज़ार का आतंक,
शासक वर्ग की रणनीतियाँ,
शहर में भटकते भिखमंगे,
छोटे-मोटे चोर-उचक्के,
मैं आज़ाद नागरिक,
परन्तु था मैं भूखा।
भूख से मैंने कहा–
तंग मत करना
इसलिए आगे बढ़ता रहा।
शहर के आगे मेरी यात्रा ज़ारी रही
क़स्बों से मैं बढ़ता गया

फिर वीरान जगह
फिर खेत दूर-दूर तक
उसमें काम करते किसान-मज़दूर
उनके भटकते बच्चे
अब गाँव भी पूरी तरह से
गाँव नहीं है।
गाँव में मैंने देखा
छोटे-मोटे टीलों में सुरंग हैं
पर हैं बन्द।
गाँव वालों से पूछा–
ये कब से बन्द हैं?
उन्होंने सुरंगों पर ध्यान ही नहीं दिया था
उन्हें इन सुरंगों से ज़्यादा
अपने पेट के सुरंग तंग कर रहे थे
वे चुप रहे।
मेरा मन प्रसन्न था–
अब मुझे नया काम मिल गया है
मैं बेरोज़गार नहीं हूँ
मुझे इन सुरंगों को खोलना है
अपने हाथ से
या विस्फोटक से।
मेरा मन प्रसन्न था–
कई दिनों के बाद भी
मुझे भूख नहीं थी
चावल, रोटी, सब्ज़ी
सब भूल चुका था मैं
सुरंग मेरे सामने
सबसे बड़ा यथार्थ था
गाँव वालों ने पूछा ज़रूर–
तुम अकेले क्या कर सकते हो?

क्या तुम्हें हमारी मदद की ज़रूरत है?
मैंने अपने काम के बीच उनसे कहा
मुझसे जुड़ने की इच्छा है
तो जुड़ जाओ
कुछ युवा मेरे साथ हो लिए।
सुरंग का अँधेरा
बढ़ता जा रहा था
रोशनी का नामोनिशान नहीं
बड़े-बड़े कीड़े-मकोड़े निकल आये
मरे हुए लोगों की हड्डियाँ, खोपड़ियाँ
निकल आयीं
सड़ी हुई चीज़ की दुर्गन्ध थी
फिर भी सुरंग के अन्दर से
मुझे कुछ कविताएँ भी मिलीं
मैंने कविताओं को साफ़ किया
और वे जीवित हो उठीं
वे मेरे साथ काम में लग गयीं
आगे मुझे टूटे हुए सपनों की
पपड़ियाँ मिलीं
सँभालकर उन्हें
मैंने एक तरफ़ रख दिया
ताकि वे सुरक्षित रहें
धूल में न मिल जायें।
मैं चकित था
सपनों की पपड़ियाँ आकार ग्रहण करने लगीं।
वे भी मेरे साथ काम में लग गयीं।
कई सदियों के अँधेरों को
हम पार करते जा रहे थे
अब सुरंग में मिट्टी की जगह
पत्थर दिखाई पड़ने लगे

बड़े-बड़े कठोर पत्थर।
मैं हतप्रभ था
तब सपनों ने मुझसे कहा
तुम निश्चिन्त रहो
हम इन पत्थरों को तोड़ देंगे
सपनों ने मिलकर एक साथ
फूँकना शुरू किया
पत्थर गलने लगे
और हमने रास्ता बनाया
उन पत्थरों के टुकड़ों में
कई धर्मों के शिलालेख
सुरक्षित थे
वे हमें घूर कर देख रहे थे
मैंने साथियों से कहा
ये शिलालेख
कभी भी हम पर वार कर सकते हैं
मेरे साथी
उत्साहित थे
उन लोगों ने धर्म के शिलालेखों को
नज़रन्दाज़ किया।
पुराने पेड़ों की जड़ें
अब हमारी यात्रा को रोक रही थीं
ये जात की जड़ें थीं
उनमें ज़हर था
उनमें दुश्मनी थी
असहिष्णुता थी
मेरे सभी सपनों ने
जड़ों को इस तरह काटा
जैसे कोई तूफ़ान
धरती का सफाया कर रहा हो।

अब रास्ता एकदम साफ़
मेरे चेहरे पर जो ख़ुशी झलकी
उसे देखकर सपनों ने बताया
आगे सुरंग की कठोरता शुरू होगी
उसे हटाना उतना आसान नहीं है
फिर भी सपनों ने दृढ़ स्वर में कहा
हम उसे भी हटायेंगे।
यह अधिकार का महामेरु है
घने जंगलों से युक्त
अँधेरों से युक्त
अपारदर्शी महामेरु
जब से मनुष्य
इस धरती पर वास करते आये हैं
उनके साथ अधिकार का महामेरु है
अधिकार की ताक़त ज़बर्दस्त है
सबसे पहले अपने अनियन्त्रित आक्रमणों से
वह सब को भयभीत करता है।
लोगों को विभाजित करके
आपस में लड़वाता है
भय फैलाता है
उसकी ताक़त का यही एक तरीक़ा है
मेरे सभी सपनों ने यह भी कहा
अधिकार का यह महामेरु
एक प्रदेश का नहीं
एक देश का नहीं
मनुष्य की संस्कृति का है
उसे हटाना होगा
हमने सबसे पहले
अधिकार के महामेरु को
पूरी तरह से नज़रन्दाज़ किया

वह हमारे जीवन में घुस आना चाहता था
हमने उसे रोका नहीं
हम स्वयं बाहर हो गये
उसके द्वारा फैलाया गया भय
हमारी निस्संगता के सामने
थरथराकर टूटने लगा
वह हमें लूट रहा था
हम ने सब कुछ को तज दिया
वह आक्रमण कर रहा था
हम मरने के लिए तैयार थे
फाँसी के तख्ते तैयार हो रहे थे
हमने उसको हँसी में उड़ाया
तब उसका वितरित भय
रिसने लगा
वह महामेरु बनकर खड़ा रहा
हम अपने रास्ते पर निकल गये।
उस समय
अधिकार के उस महामेरु का
अग्रज सामने उपस्थित हो गया
वह विश्व नागरिक होने का दावा कर रहा था
प्रलोभन के सैकड़ों तरीक़े
उसके पास सुरक्षित थे
सुविधाओं की संजीवनी थी उसके पास
परन्तु
हमने अपना छोटा-सा अक्षय पात्र दिखाया
जिसमें से हम अपनी इच्छित वस्तुएँ
बना सकते थे।
अधिकार के इस अग्रज को
हमने हटाया
इतने पर भी सुरंग में रोशनी नहीं आ रही थी

अँधेरा ही अँधेरा था–
मैंने अपने बेरोज़गार साथियों का स्मरण किया
साथी सपनों को बताया गया
उनका स्वागत किया जाये
ऐसा ही हुआ
लाखों-करोड़ों की तादाद में
बेरोज़गार साथी आने लगे
पुराने सपनों के साथ
उनके सपने जुड़ने लगे
लोगों का महासमुद्र उफनता रहा
तरंगें उठने लगीं
इतने में सुरंग का रास्ता
स्वयमेव साफ़ होता गया
हम उससे होकर आगे बढ़े
हम बेरोज़गार नहीं थे
हमने अपनी मेहनत से
जीवन की सुरंग को साफ़ किया
मुश्किलों को पार किया
रोशनी ढूँढ़ निकाली
वह सूरज की रोशनी नहीं थी
वह हमारी रोशनी थी
हमारे अन्दर से उद्दीप्त
रोशनी थी।

रुकना ठीक नहीं है

रुक जाओ
कोई कह सकता है
आगे मत बढ़ो
और कोई कह सकता है
ख़तरा है, सतर्क रहना
कोई आग्रह कर सकता है
अपने रास्ते पर अग्रसर होते समय
बस अपने पदचिह्नों पर भरोसा रखना
इधर-उधर से आती आवाज़ों को नहीं
अपनी आवाज़ को सुनना
एक आत्मीय मित्र को जैसे सुनते हो।

यही मेरी प्रार्थना है

एक चिरैये को दाना
मोर को चावल
गाय को घास
बच्चों को शकरकन्द
धरती को विनती
नदियों को श्रद्धा
आकाश को पूजा
तारों को प्रणति
यही मेरी प्रार्थना है

जब...

जब एक आदमी की हत्या की जाती है
एक पेड़ मर जाता है
हवा अशान्त होती है
बादल घुमड़-घुमड़ आते हैं
नदी का पानी द्रुत गति से बहने लगता है
समुद्र उफनने लगता है
जब एक आदमी की हत्या की जाती है
दूसरा आदमी आराम से सोने लगता है।

हत्याएँ

पुस्तकालय से मुझे एक पुस्तक मिली
जो हत्याओं पर केन्द्रित थी।
कहाँ-कहाँ
किन-किन
जगहों पर हत्याएँ हुई हैं
हत्याएँ कैसे की जाती हैं
हत्याओं की जघन्यता पर भी
विस्तृत विवरण था उसमें।
पढ़ते-पढ़ते मुझे कै आने लगी
इसलिए पुस्तक के अन्तिम कुछ पृष्ठ
अपठित रह गये।
एक दूसरी किताब मैंने ली
जो क़िलों के बारे में थी
दिलचस्प थी वह किताब
जिसमें बड़े-बड़े क़िलों के
ख़ूबसूरत चित्र थे,
रंगीन चित्र
उनकी सुविधाएँ,
कारीगरी,
उनकी रहस्यमयता
और उन क़िलों ने कैसे
बादशाह की हिफाज़त की

उस किताब का अन्तिम अध्याय
क़िलों के तहख़ानों पर केन्द्रित था–
उस अध्याय का पहला वाक्य ही ऐसा था–
हर क़िले में एक नहीं एक से अधिक तहखाने होते हैं।
तहख़ानों के गूढ़ रास्ते
कहाँ-से-कहाँ तक हैं
उन तहख़ानों में हुए गूढ़ कृत्यों का
पूरा विवरण था
बादशाह के जानी दुश्मनों को,
विरोधियों को
उन्हीं तहख़ानों में बन्दी बनाकर
कई दिनों छोड़ दिये जाते थे
भूख और प्यास से
रोशनी के अभाव में
उनमें से कई मर जाते थे
जो मरते नहीं
उनका गला काट दिया जाता था।
मैंने किताब बन्द कर दी
उस पुस्तक से
सड़े हुए मुर्दे शरीर की बदबू आ रही थी
फिर कुछ चीख़ें
फिर कुछ आहें
मैंने किताब को
अलमारी के पीछे रख दिया।

वह दिन दूर नहीं

पानी बोतल में बन्द हो गया है
ऐसा एक समय आ सकता है
पानी के लिए देशों के बीच लड़ाइयाँ हो सकती हैं
आगे चलकर हवा पर पाबन्दी लगायी जायेगी
वह दिन दूर नहीं
हवा को प्रादेशिक स्तर पर
राज्यस्तर पर
देशस्तर पर
रोक लगायी जा सकती है।
आसमान को
सूरज की रोशनी को
चाँदनी को
तारों को
सब पर पाबन्दियाँ लग सकती हैं।
आँखें फाड़-फाड़कर क्या देखते हो?
पता नहीं
कब ये सब दुर्लभ हो जायेंगे।

चित्र

चित्र प्रदर्शिनी में
एक चित्र को सभी देख रहे थे
उसके सामने
आस्वादकों की भीड़ थी
पीछे खड़े होकर
उस चित्र को
मैं ठीक से नहीं देख पा रहा था
फिर भी
आस्वादकों के कन्धों के बीच से
मैंने उस चित्र को देखा
उस चित्र में
काट दिये गये दो स्तन के टुकड़े थे
और जाँघ का एक बड़ा-सा टुकड़ा था
बस।

डर

उसे कोई डर नहीं
वह निडर है।
लेकिन काम पर जाते समय
आराम करते समय
किताब पढ़ते समय
जुलूस में भाग न लेकर
पार्क में बैठते समय
अपनी प्रतिक्रियाएँ व्यक्त करते समय
उसे थोड़ा-सा डर होने लगता है
घर वापस आते समय
वीरान सड़कों पर चलते समय
बाहर गाड़ियों के टकराने की आवाज़ें सुनते समय
आधी रात को
किसी की चीख़ सुनते समय
उसे डर डुबोने लगता है
अब वह डरा हुआ आदमी है।

कोई दूसरा

समय तय करना
हमारे बस की बात नहीं
शायद यह ईश्वर के हाथ में भी नहीं।
इस बात की मैंने ईश्वर से शिकायत की
लेकिन वे चुप रहे, शिलावत।
कार्यालय पहुँचने का समय
गाड़ियों की भीड़ तय करती है
हमारी ज़रूरी चीज़ों की सूची
दुकानें तय करती हैं
हमारी छुट्टियाँ
कोई दूसरा तय करता है
हमारे पास
न हमारा समय है
उस पर
न हमारा नियन्त्रण

प्रेम कहानियाँ

अब जीवित नहीं हैं
प्रेम कहानियाँ।
कब के मर चुके हैं
प्रेम के गीत।
अब ज़िन्दा नहीं है
दो हृदयों की भाषा
अब सिर्फ़ जीवित है
शरीर की भाषा।

चित्रगुप्त

चित्रगुप्त से पूछा–
कब मेरी मृत्यु होगी?
उसे यह प्रश्न अच्छा नहीं लगा
प्रश्न से ज़्यादा
प्रश्न का पूछा जाना
उसे अच्छा नहीं लगा।
कुपित होकर
चित्रगुप्त ने कहा
आख़िर तुम्हारी मृत्यु का क्या महत्त्व है?
कुत्तों की मौत की गिनती होती नहीं है।

स्मृतिपटल से दृश्य इतनी जल्दी कैसे ओझल हो जाते हैं

जब कोई नया दृश्य सामने आता है
स्मृतिपटल से पुराना दृश्य ग़ायब हो जाता है
एकाध दिन पहले
जिस दृश्य ने मेरे अन्तर्मन को झकझोरा था
जिस दृश्य ने समय को गिड़गिड़ाया था
वह दृश्य
स्मृतिपटल से इतनी जल्दी कैसे ओझल हो गया
क्या वह जल्दी ओझल होने योग्य दृश्य ही था?

देश राग

देश,
मेरी अपनी जगह है
जिस पर मेरे पैर टिके हैं
मेरे पुरखों के जीवन
हमारे पेड़-पौधे
गायें-बछड़े
खेत-खलिहान
दुख-दर्द
स्मृतियाँ
सब इसी देश से जुड़ी हैं
मेरे लिए यह देश राग है।

लिखना असम्भव-सा लगता है

पिछले दो दिन से
एक छोटी-सी चिड़िया,
इतनी छोटी है वह,
पर उसका रोना बड़ा है।
शुरू में उस पर ग़ौर नहीं किया
वह रोती रही
शायद उसका साथी कहीं छूट गया हो
या कोई अनाम-सी पीड़ा
उसे सता रही हो
उसके रोने की आवाज़
मेरी खिड़कियों से
बरामदे से
कमरे में आ रही है
मैं कुछ लिख नहीं पा रहा हूँ।
यात्रियों की भीड़
सभी—जल्दबाज़ी में हैं
दस बजे कार्यालय जो पहुँचना है
लोगों से भरी बसें कभी रुकती नहीं
कभी रुकती हैं तो सभी चढ़ जाते हैं।
अचानक
गाड़ियाँ रुक जाती हैं
एकदम निश्चल

चित्र-सा।
किसी शासक का वाहन-व्यूह जा रहा था
उसके जाने के बाद
जीवन की गति पूर्ववत हो जाती है।

उल्कापात

हमेशा
उल्कापात की आशंका बनी हुई है
किस दिशा से उल्काएँ आयेंगी
किस दिशा की ओर जायेंगी
कहना मुश्किल है
क्योंकि ये उल्काएँ हैं
और उल्कापात निश्चित है।
भीमाकार
काला कलूटा-सा कुछ
पत्थर-सा कुछ
यदि ऊपर से तेज़ गति से आये
धरती पर गिर पड़े
तो ध्वंस निश्चित है
जंगल में गिरें तो
पूरी वनस्पति मिट जायेगी
समुद्र में गिरें तो
मत्स्य सम्पदा नष्ट हो जायेंगी
खेतों में गिरें तो
फ़सल बर्बाद हो जायेंगी।
शहरों में गिरें या बस्तियों में गिरें तो
इन्सान तबाह हो जायेंगे
पुराने लोगों ने

पूजा-पाठ आरम्भ किया
विघ्नेश के समक्ष
घुटने टेके
आरतियाँ उतारीं
नये लोगों ने
वैज्ञानिकों के प्रवचन पर भरोसा रखा
हर क्षण उल्काओं की गति का
वे निरीक्षण करते रहे
वैज्ञानिकों ने कहा
उल्काओं की गति बदल गयी है
हमारी धरती के ऊपर से हट गयी है।
अब आशंका की गुंजाइश नहीं।
कई दिनों के बाद
समाचार आया
उल्का पिण्ड तो गिर गया
उल्कापात का स्थान
निश्चित कर पाना मुश्किल है
समुद्र-विस्तार में कहीं
उल्कापात हुआ होगा।
हमारी मति क्यों मारी गयी है?
हमारी धरती पर गिरें
या दूसरों की धरती पर
समुद्र में गिरें
या जंगल में
यह दूसरा कौन है?
कृपया जवाब दीजिए।

अनुरोध

पंखुड़ियों से अनुरोध है
फूलों की ओर लौट चलो
चिड़ियों से अनुरोध है
नीड़ों की ओर और चलो
हवाओं से अनुरोध है
निश्चलता की ओर लौट चलो
जल से अनुरोध है
अपने स्रोतों की ओर लौट चलो
लोगों से अनुरोध है
प्रेम की ओर लौट चलो
सब लौटने को तैयार
सिर्फ़ लोग लौट नहीं पा रहे थे।

तथागत बनूँ

इच्छा यही है मेरी
तथागत बनूँ
पुनः एक बार
करुणा की नदियाँ बहाऊँ।

विदेशी कम्पनी

विदेशी कम्पनी के अफसरान
हमारे यहाँ आये
आने के पहले ही
उनके आने के इश्तहार
सभी अख़बारों में छपे
इश्तहार में कहा गया
जिन्हें नौकरी चाहिए
आयें और नौकरी में भर्ती हो जायें
उन्हें बस युवाओं की अक्ल की ज़रूरत थी।
हमारा देश
बेरोज़गारों का देश
बेरोज़गारों की भीड़ लग गयी थी
परन्तु सुखद बात यह है
सब को नौकरी मिली
जिन-जिन युवाओं
जिन-जिन युवतियों को नौकरी मिली
उनके माँ-बाप यह जानने को तत्पर थे
अपने बच्चे कब विदेश जा पायेंगे
सब ने नये-नये कपड़े ख़रीदे
और एक दिन
आधी रात के वक़्त वे विमान में बैठे
माँ-बाप भाव-विभोर

युवा भावुक
युवतियाँ रोती रहीं
विमान तब तक उड़ चुका था।
सभी माँ-बाप
गद्‌गद!
देखते रह गये
कुछ दिनों के बाद
एक दूसरी कम्पनी का इश्तहार आया
उन्हें अविवाहित युवाओं की ज़रूरत थी
उनके आन्तरिक अवयव सही-सलामत हों
यह कम्पनी इन आन्तरिक अवयवों का उपयोग
कभी भी कर सकती है
लेकिन इसमें घबराने की ज़रूरत नहीं
जो अवयव दूसरों के लिए
लगाये जायेंगे
कुछ ही दिनों में अवयव उन्हें ही
वापस दिये जायेंगे
इस अन्तराल में वे उनकी निगरानी में रहेंगे।
डर किस बात का?
भारी संख्या
तनख्वाह के रूप में दी जायेगी
जहाँ घूमना हो
घूम आओ
पर अविवाहित रहना है
किसी से भी शारीरिक सम्बन्ध नहीं रखना है
अविवाहित रहना है
इस नयी कम्पनी के लोगों के सामने
सुबह से ही अविवाहितों की
भीड़ इकट्‌ठी हो गयी।

शब्द

कविता के लिए
जब एक नया शब्द मिल जाता है
चित्र बनाना आसान हो जाता है
जब बहुत सारे शब्द मिल जाते हैं
संगीत का माहौल तानों से भर जाता है
चित्र में शब्द नया अर्थ भर देता है।
शब्दों की बिरादरी
संगीत की लयात्मकता में जीवन-भर देती है।

बेचारी चिड़िया

चिड़िया
उड़ते-उड़ते
देवतारु के शाखाग्र तक पहुँच गयी
वहाँ बैठकर
जब उसने अपनी धरती को देखा
उसका दिल दहला उठा
भय के कारण
वह उड़ना भूल गयी थी
उसे नीचे आना ही था
पर वह उड़ना भूल चुकी थी
बेचारी चिड़िया!

मछली कह रही थी

एक मछली ने कहा
मुझे पानी से निकालो
धरती पर छोड़ो,
मैंने मछली को समझाया
पानी के बाहर आने पर
तुम मर जाओगी
तुम धरती पर जीवित नहीं रह सकतीं।
मछली ने कहा–
कोई बात नहीं
भीमाकार मछलियों के आतंक से
समुद्री जल के अन्त:प्रवाहों के आतंक से
मैं मुक्त हो सकती हूँ
दो मिनट
धरती पर तड़पते-तड़पते ही सही
मैं मुक्ति की साँस ले सकती हूँ
कहीं-न-कहीं मरना ही तो है।

पेड़ों की पूजा

यदि एक पेड़ को सुरक्षित रखना है
तो पहले उसकी पूजा करो
पूजा की समाप्ति पर
वह तुम्हें एक बीज दे सकता है
उसे कहीं अंकुरने के लिए
मिट्टी में बो देना
एक दूसरे पेड़ का जन्म हो जाता है।
यदि किसी पेड़ की
टहनियाँ काट देनी हैं
तो पेड़ की पूजा करो
पूजा की समाप्ति पर
वह तुम्हें पेड़ों का अक्षय पात्र दे देगा
उस अक्षय पात्र से
लोगों को खाना खिला दो
प्रसन्नचित्त होकर जब लोग
लौटने के लिए तैयार होंगे
उन्हें एक छोटा-सा पेड़ देना
कहीं लगाने को
अनुरोध करना
वे पेड़ों का नया जंगल
सृजित कर सकते हैं।
यदि किसी पेड़ को उखाड़ना है

तो उखाड़ने के पहले
पेड़ की पूजा करो
वह तुम्हें एक जंगल सौंप देगा
झरनों से युक्त
कई-कई पेड़ों और बेलों से भरा
हरा-हरा
जंगल तुम्हें मिल जायेगा
उसे कहीं भी स्थापित करो
तुम एक नयी सभ्यता की शुरुआत कर रहे हो।
उसमें
जंगल के संगीत के साथ
मनुष्य का संगीत मिल जायेगा
संगीत एक ही होता है
पेड़ चाहे शीशम के हों
बड
पाकड़
या गूलर
संगीत एक ही होता है

अन्ततः

वही होता है
जो अन्ततः होना था
शासक कहीं के हों
कलिगुला से लेकर
हमारे छोटे-मोटे शासकों तक
पता नहीं
एक जैसी पोशाक पहनते हैं
वही होता है
जो अन्ततः होना था।

पगडंडियाँ

पगडंडियाँ
ख़ुद-ब-ख़ुद बनती नहीं हैं
बनायी जाती हैं
लोगों के चलने से
दौड़ने से
लोगों द्वारा
बनायी जाती हैं
वे उन्हीं की देन हैं

महावर्तमान

वर्तमान में ही
हम रहते हैं
उठते-बैठते हैं
उसके सीधेपन में
हम साँस लेते हैं
उसकी चालाकियों से
पहले-पहल घबरा जाते हैं
फिर उसके कन्धे को पकड़कर
उसे फेंक दिया जाता है
जैसे बिल्लियों के साथ करते हैं।
वर्तमान का एक-एक क्षण
दूसरे क्षण में
अतीत बन जाता है
उसे ही हम भूतकाल कहते हैं
इस तरह
वर्तमान के साथ
भूतकाल जुड़ता रहता है
जैसे हमारे पुरखे
हमारे साथ जीवित रहते हैं।
हम एक साथ
वर्तमान में और भूतकाल में
आवाजाही करते रहते हैं।

किसी को वर्तमान बेहद पसन्द है
किसी को भूतकाल
यह सही है
हम भूतकाल को छोड़ नहीं सकते
उसी ने हमें बनाया है।
बहुत कम लोगों को मालूम है
वर्तमान के साथ
एक महावर्तमान भी है
उसकी दृश्यता उतनी नहीं
जितनी वर्तमान की है
जहाँ भी हम जाते हैं
महावर्तमान हमारा पीछा करता है
महावर्तमान मायावी की तरह
हमारे जीवन में प्रवेश करके
हम पर निशाना साधता है।
महावर्तमान प्रलोभित करता है
वह चमत्कारी है
वह हमारे अन्दर
जब वह एक बार प्रवेश करता है
तो फिर वहीं रहता है
हमारे ख़ून को
हमारी अक्ल को
हमारी संवेदना को
हमारी संस्कृति को
चूस-चूस कर वह पीता है
और हम
बाहर से
और अन्दर से
ख़ाली हो जाते हैं।

आवाहन

बारिश के साथ बरसते रहो
मिट्टी के साथ जुड़ते रहो
हवा के संग बहते रहो
हरियाली के संग नाचते रहो
पौधों के साथ खेलते रहो
कीचड़ में धँसते जाओ
गाय-भैंसों के पीछे भागते रहो
खेतों के मेंड़ों से दौड़ा करो
जीवन का आनन्द लेते रहो।

देशप्रेम

कक्षा में बैठकर पढ़ने से
देशप्रेम का पता नहीं चलता
स्कूल से वापस आते समय
आसपास के घरों को देख
उनके लिए कुछ कर दिखाने की बात
मन में रख
जब तुम क़दम उठाओगे
वही तुम्हारा देशप्रेम है।

एकाकीपन

मेरा एकाकीपन
मात्र मेरा अपना नहीं।
दुख भरी कहानियों से
अभावग्रस्तता से
बलात्कारी हरकतों से
वर्चस्व के अयाचित प्रवेश से
मेरा एकाकीपन
सघन होता जाता है।

नदी

नदी
माँ है
नदी
देवी माँ है
नदी
देवी माँ के स्तन हैं
उसमें से
मुझे दूध मिला था
नदी
माँ की गोदी है
जिसमें लेटकर
मैं सोया करता था
नदी
मात्र जल-प्रवाह नहीं
वह प्रेम प्रवाह है।

तुम कहाँ हो ईश्वर

ईश्वर की मूर्ति के सामने खड़े होकर
मैंने ईश्वर से प्रश्न किया–
तुम कहाँ हो ईश्वर?
यहाँ तुम शिलानिर्मित भले हो
पर यह तुम नहीं हो
कहाँ हो तुम?
ईश्वर को मेरा प्रश्न अच्छा नहीं लगा
वे चुप रहे
मैं निराश था
रास्ते में एक गड्ढा था
उसमें मैं गिर गया
दर्द के कारण
मेरे मुँह से निकल ही गया
हे ईश्वर!
कोई मेरे पीछे से हँस रहा था
मुड़कर देखा
अरे यह तो ईश्वर है!
ईश्वर ने कहा
मैं रास्ता भी हूँ
गड्ढा भी हूँ
और वे कहीं विलीन हो गये।

आवाज़

जो गोलियों की आवाज़
सुनता नहीं
जो टैंकरों की ख़ौफ़नाक आवाज़
सुनता नहीं
जो मिसाइलों की भीषण आवाज़
सुनता नहीं
वह बहरा नहीं,
वह एक मरा हुआ आदमी है
जो कभी जीवित नहीं हो सकता।

❑❑